메타 인지가 뭐예요?

글 **윤선아**

고려대학교에서 국어국문학을 공부하고, 국어교육과 박사 과정을 수료했습니다. 낱말과 이야기를 좋아하여 국어사전과 백과사전, 어린이 책을 만들었습니다. 《검은 칠판의 비밀》로 제7회 웅진주니어 문학상 단편 부문 우수상을 받으며 작가가 되었으며, 지은 책으로는 《봉쭌TV, 가짜 뉴스를 조심해!》, 《임진왜란, 땅과 바다의 이야기》, 《람 선생님과 도토리 약국》, 《무적의 ㄱㄴㄷ 삼총사》, 《매미의 집중》 등이 있습니다.

그림 **방상호**

홍익대학교에서 시각디자인을 전공했습니다. 상상하고 기획하고 그림 그리고 디자인하고 읽고 쓰고 운동하면서 어제와는 다른 하루를 만들려고 합니다. 《모두가 반대하고 외면해도 나는 찬성!》, 《탄소 중립이 뭐예요?》, 《나다움 쫌 아는 10대》, 《환경과 생태 쫌 아는 10대》, 《사라진 민주주의를 찾아라》, 《단박에 한국사》, 《시골에서 로큰롤》, 《대중음악 히치하이킹 하기》, 《싸우는 인문학》 등 여러 책에 그림을 그렸습니다.

여러분은 왜 이 책을 집어 들었나요? '메타 인지'가 무엇인지 정말 궁금해서요? '혼자서도 공부 잘하는 방법'이 너무너무 알고 싶어서요? 아니면 부모님이 한번 읽어 보라고 하셨나요?

어쨌든 이 책을 만난 건 여러분에게 큰 행운이에요. 여러분이 혼자서도 공부를 잘하는 것은 물론, 살면서 겪는 여러 어려움을 잘 넘어서도록 도와줄 테니까요. 못 믿겠다고요?

'메타 인지'는 나를 잘 알게 하는 거울이에요. 저는 여러분이 아직 낯설게 느끼고 있을 메타 인지를 오랫동안 연구하면서, 메타 인지가 '나'를 더 나은 사람으로 만들고, 내 삶을 더 행복하게 하는 비결이라는 걸 알게 됐어요. 메타 인지를 발휘해서 나를 잘 알면 알수록 나 자신을 인정하고 사랑할 수 있고, 더 나은 모습을 위해 노력하기도 쉬워지기 때문이에요.

  그런데 이 중요한 메타 인지는 아무도 나를 대신해서 길러 줄 수 없어요. 아무리 나를 사랑하는 부모님이나 친구라고 하더라도 불가능해요. 메타 인지는 여러 시도와 실수를 통해 오직 나만이 좋아지게 할 수 있거든요.

  여전히 아리송하지요? 이 책은 이러한 메타 인지가 도대체 무엇인지, 어떻게 하면 메타 인지를 스스로 높일 수 있는지를 쉽게 알려 줘요. 여러분과 똑같은 고민이 있는 친구들이 등장해서 더 재미있게 읽을 수 있지요.

  차근차근 책을 읽고, 생활 속에서 메타 인지를 활용할 방법을 찾아 실천해 보세요. 그러면 여러분의 메타 인지가 건강하게 자라고, 고민이 보다 나은 방향으로 풀릴 거예요. 자, 그럼 함께 읽어 봐요!

컬럼비아대학교 바너드칼리지에서
리사 손 선생님이.

메타 인지가 뭔지 잘 몰라도 함께 연습해 볼 수 있어요.
이 책을 읽으면서 여러분의 생각도 함께 읽어 보세요!
바로 이렇게요!

1. 책의 앞뒤 표지를 살펴보세요.

2. 그림을 쭉 훑어보세요.

3. 떠오르는 생각이나 궁금한 것을 써 보세요.
_____
_____
_____

4. 이 책을 읽을 시간과 방법을 정해 보세요.
☐ 오늘 지금 다 읽는다.
☐ 학교 갔다 와서 하루에 10장씩 읽는다.
☐ 자기 전에 30분씩 졸릴 때까지 읽는다.
☐ 나만의 방법으로 읽는다. (이렇게: _____)

1. 메타 인지가 필요한 순간!

그런 적 있나요?
분명히 안다고 생각했는데
다시 생각해 보니 하나도 모르겠을 때!

뭔가를 해야 하는 건 알겠지만
몸과 마음이 영~ 움직이지 않을 때!

무엇이든 아무래도 못할 것만 같을 때!

어쩌면 내가 잘할 수도 있는데 말이에요.

반대로 뭐든 잘해야만 할 것 같을 때도 있을 거예요.

이럴 때도 있죠.
열심히 하고는 있는데 나아지는 것 같지 않을 때!

뭔가 해야 할 것 같은데
뭘 해야 할지 잘 모르겠을 때도 있을 거예요.

한 번이라도 이런 적이 있다면

여러분에게 필요한 게 바로 '메타 인지'랍니다.

그게 뭐지?

메타 인지?

빨리 알아내고 싶어! 메타 인지!

메…?

메타 인지? 뭔 소린지!

엄마!

너 자신에게 물어봐!

쉬어가는 퀴즈

나에게도 메타 인지가 필요할까요?
아래 문장을 읽고, 내 이야기 같다면 체크 표시해 보세요.

- 분명히 아는 줄 알았는데 사실 몰랐음을 깨달은 적이 있다. ☐
- 뭔가 잘못한 것 같은데 몸과 마음이 제대로 움직이지 않곤 한다. ☐
- 해 보지는 않았지만 절대 못할 것 같아서 그만둔 적이 있다. ☐
- 열심히 하는 것 같은데 영 나아지지 않는다. ☐
- 뭔가 해야 할 것 같은데 뭘 해야 할지 모르겠다. ☐
- 하고 싶거나 해야 하는 것을 아주 잘하고 싶다. ☐

정답: 하나라도 체크했다면 메타 인지가 당신에게 필요합니다.

2. 메타 인지란 무엇일까?

내 생각을 내가 스스로 알 수 있을까요?

내 생각이 맞는 걸까, 혹시 틀린 건 아닐까? 이런 생각을 해 본 적 있나요?

모르는 것은 확실히 알아보기로 결심하고 어떻게 하면 알 수 있을지 생각한 뒤,

생각대로 행동한 적 있나요?

그렇다면 여러분은
메타 인지를 활용한 것이랍니다.

쉬어 가는 페이지

공자의 책 《논어》의 〈위정편〉에 따르면, 2500년 전에 공자도 제자들에게 '메타 인지'에 대한 가르침을 남겼어요.

'생각'에는 여러 가지가 있어요.

이런 게 모두 '생각'이에요.

우리 뇌에는 여러 생각을 할 수 있는 부분이 모여 있어요.

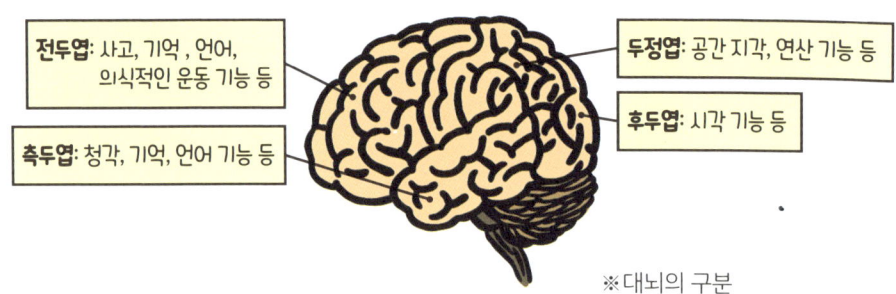

전두엽: 사고, 기억, 언어, 의식적인 운동 기능 등
측두엽: 청각, 기억, 언어 기능 등
두정엽: 공간 지각, 연산 기능 등
후두엽: 시각 기능 등

※대뇌의 구분

뇌에 있는 세포들은 서로 신호를 주고받아요. 그래서 뇌의 한쪽에서 한 생각을 다른 쪽에서 알 수 있어요.

맛있는 빵 냄새가 난다!

그래? 먹으러 가자!

메타 인지는 '생각 위의 생각'이에요.
뇌의 한쪽에서 한 생각을 마치 위에서 보듯 알아채고 다시 생각하는 거예요.

메타 인지가 일어나면, 뇌에서 이렇게 물어본답니다.

"내 생각, 맞는 거야? 확실해?"

이런 생각을 **모니터링**(monitoring)이라고 해요.
내 생각을 관찰하고 지켜본다는 뜻이지요.

또, 메타 인지가 일어나면 뇌에서 이렇게 판단해요.

"그럼 이렇게 해야겠다!"

이런 생각은 **컨트롤링**(controling)이라고 하지요.
생각을 감독하고 조종한다는 뜻이에요.

메타 인지는 내 생각에 대해서 모니터링 하고, 컨트롤링 해요.

메타 인지는 내 생각을 알아채고 조종하는 내 생각의 관찰자이자 총사령관이랍니다.

너 자신에게 물어봐!

쉬어 가는 퀴즈

메타 인지가 무엇인지 알았나요?
모니터링과 컨트롤링을 구분해서 연결해 보세요.

① 내 생각 맞는 거야? ●   ● 컨트롤링

② 그럼 다시 해 봐야겠다. ●   ● 모니터링

③ 잠깐, 이 생각 확실해? ●   ● 모니터링

④ 기억이 안 나면 수첩을 봐야겠어. ●   ● 컨트롤링

⑤ 더 어려운 책을 읽어야지! ●   ● 모니터링

⑥ 이게 아니라 그거 같은데? ●   ● 컨트롤링

정답: ①, ③, ⑥ 모니터링, ②, ④, ⑤ 컨트롤링

3. 메타 인지가 중요한 이유

메타 인지를 발휘할 때와 아닐 때는 매우 달라요.

메타 인지를 발휘하지 않을 때

메타 인지를 발휘할 때

메타 인지를 발휘하면
힘겨운 일을 헤쳐 나갈 수 있어요.

어려운 일을 점점 잘하게 되면서
놀라운 능력을 갖출 수도 있고,

더 멋진 내가 될 수 있어요.

또, 메타 인지를 발휘하면, 나도 틀릴 수 있다는 겸손한 마음을 갖게 돼요.

아무리 대단한 전문가라고 해도요!

그리고 어려운 일을 이겨 내기 위해 '노력하는 나'를 더 사랑하게 된답니다.

4. 메타 인지를 기르는 방법

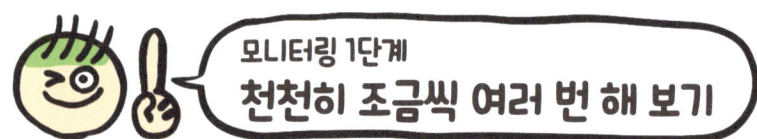

모니터링 1단계
천천히 조금씩 여러 번 해 보기

**메타 인지를 써서 무언가를 잘하고 싶다면
꼭 천천히 조금씩 자주 해야 해요.**

**마음이 급하면,
우리 뇌가 여러모로 생각할 수가 없어서,
메타 인지를 작동할 여유가 없어지기 때문이에요.**

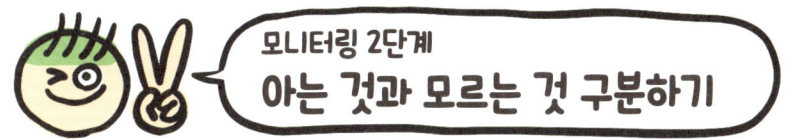

아는 것과 모르는 것을 구분하기는 생각보다 어려워요. 하지만 문제를 풀거나 글을 쓰면 쉬워져요.

아는 문제라면 맞힐 수 있고,

알고 있는 생각이라면 글로 쓸 수 있으니까요!

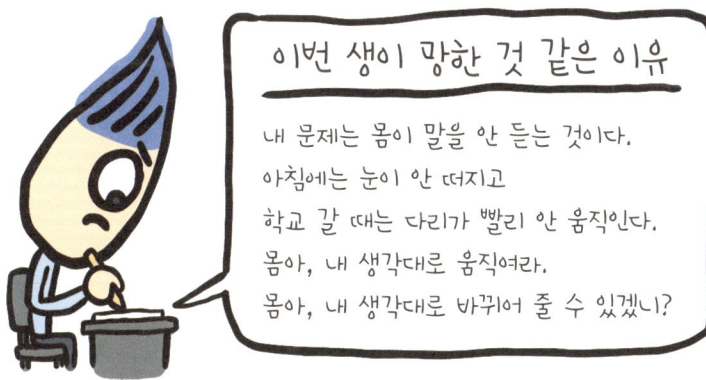

직접 설명해 보거나 누군가에게 가르쳐 주는 건 아는 것과 모르는 것을 확실히 구분하는 가장 좋은 방법이에요!

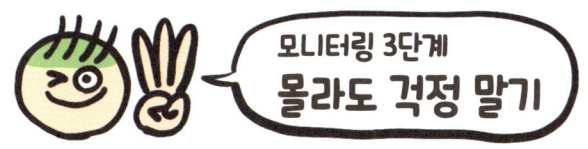

모르는 게 무엇인지 모르면 나아질 수 없겠지요?
그런데 모르는 것을 알게 되면?

알 수 있고, 바꿀 수 있어요!

너 자신에게 물어봐!

쉬어 가는 퀴즈

'내가 정말 아는 거 맞아?'를 확인하는 방법 가운데 가장 기억에 오래 남는 것은?

① 혼자 곰곰이 생각해 본다. (부작용: 그러다가 잠이 들 수 있음.)
② 하얀 종이에 문장을 줄줄 써 본다.
③ 하얀 종이에 그림이나 표로 나타내 본다.
④ 엄마 아빠나 친구, 동생, 인형, 거울 앞에서 설명해 본다.

정답: ①, ②, ③, ④ 다 좋지만, 가장 기억에 오래 남는 방법은 ④! 누군가에게 설명하는 동안 기억이 확실해지기 때문! 속는 셈 치고 속는 사람은 바로 너!

컨트롤링 1단계 목표 정하기

모르는 것을 알고, 좋아하는 것을 잘하기 위한 첫 번째 단계는 목표 정하기예요!

공부뿐만 아니라 생활 습관이나 마음 바꾸기 등 모든 일에서 목표를 정할 수 있어요.

목표는 거창하지 않아도 돼요.
이런 것도 목표가 될 수 있어요.

할 일을 직접 정하고 작은 목표를 이룰 때마다
마음속에 자신감이 차오를 거예요.

목표는 세웠는데 뭐부터 해야 할지 막막한가요?
일정한 기간 동안 할 일을 순서대로 써 보아요.

7:00 일어나기

7:30 아침 식사 꼭 하기
- 벌써 다 먹었어?
- 네, 잘 먹었습니다!

7:45 양치질하기
치카 치카

8:00 학교로 출발!
- 어머, 벌써 가니?
- 다녀오겠습니다!

언제, 어디서, 얼마나 많이, 무엇부터,
어떤 순서로 할지 계획은 구체적일수록 좋아요.

**스터디 플래너처럼 무엇을 써야 할지가
잘 정리된 공책에 적어 보는 것도 도움이 돼요.**

**너무 많이 하려고 하지 않아도 돼요.
시간 안에 내가 할 수 있는 만큼을 예상해서
계획을 세우면 더 잘 지킬 수 있답니다.**

컨트롤링 3단계
실천하면서 점검하기

계획을 짜도 마음대로 안 될 때가 있어요.
왜 안 됐을까를 되짚어 보고,
어떻게 하면 잘할까를 생각해 봐요.

계획을 살펴보고, 바꾸고, 다시 실천하면서
점점 더 멋진 내가 될 거예요!

계획 짤 때 물어봐.

쉬어가는 OX 퀴즈

	O	X
• 계획을 짜기 전에 목표를 먼저 생각한다.	☐	☐
• 지킬 수 있는 계획을 짠다.	☐	☐
• 처음부터 완벽한 계획일 필요는 없다.	☐	☐
• 매일 작은 목표를 달성하도록 짠다.	☐	☐
• 하루, 일주일, 한 달, 시험 기간, 한 학기, 일 년, 내 인생까지 모두 계획해 볼 수 있다.	☐	☐
• 언제 어디서 얼마나 할지 생각한다.	☐	☐
• 어떤 순서로 할지 생각한다.	☐	☐
• 어려운 것부터 해도 되고, 쉬운 것부터 해도 된다.	☐	☐
• 계획대로 했을 때는 나 자신을 칭찬해 준다.	☐	☐

정답: 모두 O

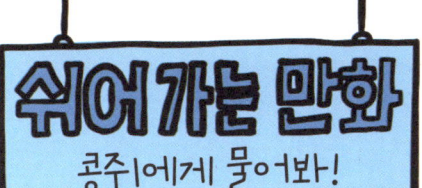

5. 메타 인지의 비밀

**메타 인지를 발휘해서
공부도 잘하고 더 멋진 사람이 되고 싶나요?
그럼 가장 중요한 비밀을 말해 줄게요.**

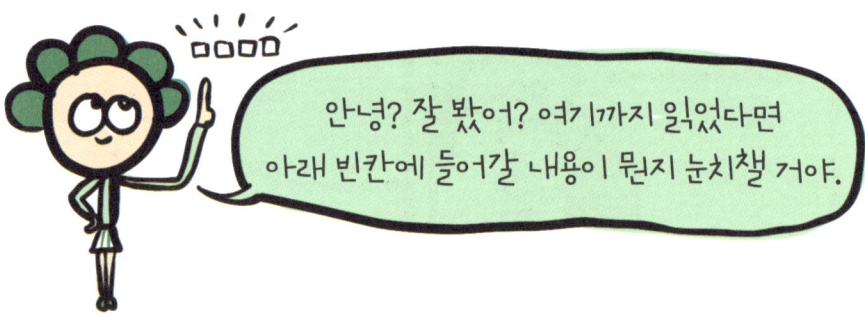

안녕? 잘 봤어? 여기까지 읽었다면 아래 빈칸에 들어갈 내용이 뭔지 눈치챌 거야.

난 잘하는 게 하나도 없는 줄 알았어.
그런데 배운 걸 말해 보니 알겠더라.
내가 잘하는 것과 좋아하는 것도 이젠 알겠어!
나도 내 생각을 내려다보는
□□ □□를 발휘한 것 같아.

난 모든 게 귀찮았어. 하지만 메타 인지를 발휘해서 이런 나를 되돌아봤어. 내 생각을 돌아보고, 맞는지 틀리는지 구분하는 건 메타 인지의 과정 중에서 □□□□이야.

난 뭐부터 해야 할지 막막했어. 그런데 계획을 짜서 하나씩 해야겠다는 감이 오더라고.

이런 걸 모니터링과 짝을 이루어 작동하는 □□□□이라고 하지?

나는 조금 느린 편이야. 하지만 괜찮아. 나에게는 □□ □□가 있어서, 점점 멋있어지고 있어.

정답은 차례대로 메타 인지, 모니터링, 컨트롤링, 메타 인지야! 모두 맞혔겠지?

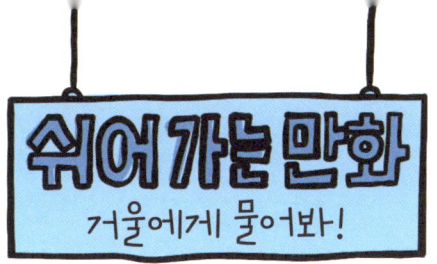

메타 인지에 대한 희소식!

쉬어가는 마지막 퀴즈

나를 가장 잘 아는 사람은?

_____

정답: 바로, 나예요! 당신만이 자신의 이름을 쓸게요.

이 책을 다 읽은 사람은 보세요.

이 책은 어린이 스스로가 '메타 인지'를 발휘해서 공부를 잘하게 될 뿐만 아니라 하루하루 생활까지 멋지게 바꿀 수 있다는 것을 얘기하려고 썼어요.
중요한 것은 바로 '**스스로**'입니다.
다른 누가 시켜서가 아니라, 지금 이 책을 펼친 여러분이 방에서, 책상 앞에서, 길을 걸으며 **생각**해 볼 수 있어요.
바로 이런 생각들이요!

나는 어떤 것들을 좋아하지?_____
내가 하고 싶은 게 뭐냐면?_____
오늘 학교에서 배운 게 뭐더라?_____
오늘 배운 내용 중 가장 기억하고 싶은 것은?_____
_____

:

초판 1쇄 인쇄 2022년 11월 18일
초판 1쇄 발행 2022년 12월 07일

글쓴이 윤선아
그린이 방상호
펴낸이 이승현

출판3 본부장 최순영
교양 학습 팀장 김솔미
편집 이유진
디자인 방상호

펴낸곳 ㈜위즈덤하우스 출판등록 2000년 5월 23일 제13-1071호
주소 서울특별시 마포구 양화로 19 합정오피스빌딩 17층
전화 02) 2179-5600 내용문의 02) 2179-5683
홈페이지 www.wisdomhouse.co.kr 전자우편 kids@wisdomhouse.co.kr

ⓒ 윤선아, 방상호 2022

ISBN 979-11-6812-473-8 73190

※이 책의 전부 또는 일부 내용을 재사용하려면 반드시 사전에 저작권자와
  ㈜위즈덤하우스의 동의를 받아야 합니다.
※인쇄·제작 및 유통상의 파본 도서는 구입하신 서점에서 바꿔드립니다.
※책값은 뒤표지에 있습니다.
※이 책의 사용 연령은 8~13세입니다.